BEI GRIN MACHT SICH IHR WISSEN BEZAHLT

Betriebliche Wertschöpfung. Materialwirtschaft, Logistik und Global Sourcing

Bibliografische Information der Deutschen Nationalbibliothek:

Die Deutsche Nationalbibliothek verzeichnet diese Publikation in der Deutschen Nationalbibliografie; detaillierte bibliografische Daten sind im Internet über http://dnb.d-nb.de abrufbar.

ISBN: 9783346836113
Dieses Buch ist auch als E-Book erhältlich.

© GRIN Publishing GmbH
Nymphenburger Straße 86
80636 München

Druck und Bindung: Books on Demand GmbH, Norderstedt Germany
Gedruckt auf säurefreiem Papier aus verantwortungsvollen Quellen

Das vorliegende Werk wurde sorgfältig erarbeitet. Dennoch übernehmen Autoren und Verlag für die Richtigkeit von Angaben, Hinweisen, Links und Ratschlägen sowie eventuelle Druckfehler keine Haftung.

Das Buch bei GRIN: https://www.grin.com/document/1335883

Einsendeaufgabe

Alternative A

Online hochgeladen am: 03.11.2019

Modulverantwortlicher Hochschullehrer:

SRH Fernhochschule Riedlingen

Modul:

Betriebliche Wertschöpfung

Studiengang:

Betriebswirtschaft und Management

Inhaltsverzeichnis

Abkürzungsverzeichnis

TQC = Total Quality Control

TPS = Toyota Produktionssystem

JIT = Just-in-Time

SCM = Supply-Chain-Management

Abbildungsverzeichnis

Tabellenverzeichnis

1. Materialwirtschaft und Logistik.

Unternehmen sind hochkomplexe Systeme, deren reibungslose Funktionsweise durch unterschiedliche Unternehmensbereiche gewährleistet wird.

Materialwirtschaft als Bestandteil des unterstützenden Teilsystems des Produktionsmanagements bestimmt weitgehend die Qualität des Prozesses von Verarbeitung des Inputs in den Output. Je höher die Qualität der eingesetzten Ressourcen ist, desto hochwertiger wird die Ausbringung. Die Bedeutung der Materialwirtschaft kann man somit nicht unterschätzen, denn dieser Bereich ist für die Erfüllung wichtiger Aufgaben eines Unternehmens zuständig.

„Für das Funktionieren der Leistungserstellung ist es wichtig, dass die richtigen Güter im richtigen Zustand zur richtigen Zeit am richtigen Empfangsort verfügbar sind."[1] Dafür ist der Unternehmensbereich Logistik verantwortlich, dessen Entwicklung die Vergrößerung der Märkte fördert und der Produktionsausweitung dient.

In der nachfolgenden Teilaufgabe A1 werden die wichtigsten Ziele der Materialwirtschaft und Logistik detailliert beschrieben. Es wird außerdem auf Zielkonflikte, die zwischen der Materialwirtschaft und anderen Unternehmensbereichen entstehen, eingegangen sowie mögliche Lösungsansätze erörtert.

---

[1] Vahs/Schäfer-Kunz (2015), S. 661

1.1. Ziele der Materialwirtschaft und Logistik.

Da die Materialwirtschaft sich mit vielen angrenzenden Unternehmensprozessen befasst, ist es an dieser Stelle notwendig, den Begriff näher zu erleuchten. Materialwirtschaft kann aus unterschiedlichen Blickwinkeln betrachtet werden. So stellt sie als Oberbegriff die gesamten Aktivitäten dar, die auf Versorgung eines Betriebes mit allen Materialien für den Produktionsprozess gezielt sind. Weitere Interpretationen können durch zusätzliche Aufgaben und Funktionen erweitert werden. Dabei sind die Beschaffung und Lagerung der Materialien von großer Bedeutung. Die Beschaffung entspricht vor allem der Funktion des Einkaufs und der Aufnahme von Materialien in die Unternehmung. Diese zwei Funktionen beinhalten die Marktforschung, Angebotsvergleich, Lieferantenauswahl sowie die Preisverhandlungen im ersten Fall, und Bestellvorgänge, Transportkontrolle und Wareneingangsprüfung im zweiten. Wird der innerbetriebliche Materialtransport und die Materialplanung in den Prozess miteinbezogen, spricht man von der sogenannten klassischen Materialwirtschaft.

In einer weiteren Definition wird der Aufgabenbereich der Verteilung berücksichtigt, zudem gehören auch die interne und die externe Warenverteilung zum Kunden dazu. Daraus lässt sich die Schlussfolgerung ziehen, dass der Begriff Materialwirtschaft unauflöslich mit der Logistik verbunden ist.

Unter der Logistik versteht man alle Handlungen eines Unternehmens, die „auf eine bedarfsgerechte Verfügbarkeit von Objekten, Personen, Sachgütern, Dienstleistungen, Informationen und Energie ausgerichtet"[2] sind. Sie umfasst eine Reihe von Aufgaben und diese Tatsache erlaubt, sie als ein System zu bezeichnen. Im Einzelnen sind die Planung, Steuerung, Gestaltung und Kontrolle sowie Distribution und Entsorgung zu nennen.

---

[2] Wannenwetsch (2009), S.9 zitiert nach Isermann (1998), S. 21

Nachdem nun einen kurzen Überblick über die für vorliegende Arbeit relevanten Termini gegeben wurde, stellt sich die Frage, welche Ziele sich daraus ableiten lassen.

Einer der bedeutendsten Wettbewerbs- und Erfolgsfaktoren jedes Sach- oder Dienstleistungsbetriebes sind die zuverlässigen Lieferanten. Von daher resultiert die erste wichtige Aufgabe der Materialwirtschaft, die sich in der Sicherung der Beschaffungsmärkte ausdrückt.

Nach den Prinzipien des TQC (Total Quality Control) ist die Qualität der Produktion oder der Dienstleistung nicht nur vom Management „von oben", sondern auch von der Qualität der Leistung des Facharbeiters „von unten" abhängig. Diese Konzeption trifft auch die Beziehungen zwischen dem Betrieb und seinen Lieferanten. Durch die laufende Kommunikation und genügende Auftragsmengen können solche Partnerschaften unterstützt und gesichert werden. Dabei stehen die Qualität und der Technologiestatus des Lieferers nicht an der letzten Stelle. Der Einkauf der minderwertigen Produktion führt schließlich zu den ungerechtfertigten Aufwänden oder zur Unzufriedenheit des Endverbrauchers. Dies hat schlechte Nachwirkung auf das gesamte Unternehmen wie zum Beispiel Gewinnsenkung oder Kundenverlust.

Die Optimierung der Kapazitätsauslastung ist eine weitere Aufgabe der Materialwirtschaft. Die Erfüllung dieser Aufgabe stellt sicher, dass kein Produktionsstillstand wegen fehlender Rohstoffe oder Bauteilen eintrifft. Es werden alle benötigten Materialien rechtzeitig und in ausreichender Menge geliefert.

Einer der wichtigsten Bestandteile, die im wirtschaftlichen Handeln eine wesentliche Rolle spielen, sind die Kosten. Hier sind insbesondere die Kosten der zu beschaffenden Waren, die Materialbewirtschaftungskosten, Einstandskosten und Beschaffungskosten zu nennen. Günstige Einstandskosten und geringere Beschaffungskosten bilden die niedrigeren Endpreise, was die Vorteile für Konsumenten verspricht und somit auch die Wettbewerbsfähigkeiten des Unternehmens stärkt.

Für viele Unternehmen können sich die Konkurrenzvorteile durch die Übergabe eines Teils der Fertigung an das fremde Unternehmen ergeben. Dies kann sowohl im In- als auch im Ausland erfolgen. Darüber hinaus sollen gleichzeitig auch die Fertigungstiefe im eigenen Unternehmen verringert werden, da bei steigender Fertigungstiefe auch die Personalkosten zunehmen.

Alle oben erwähnten Aufgaben der Materialwirtschaft und Logistik können schließlich durch die sogenannten 6 Rs verknüpft werden. Demzufolge sollen die richtigen Produkte, in der richtigen Qualität, mit der richtigen Menge und mit den richtigen Kosten, am richtigen Ort, zur richtigen Zeit gebracht werden.

Durch die umständlichen Aufgaben der Materialwirtschaft und Logistik im laufenden Betrieb entstehen zwischen verschiedenen Unternehmensbereichen mehrere Schnittstellen- und Zielkonflikte.

1.2. Zielkonflikte und mögliche Lösungsansätze

Typischerweise können die Interessenkonflikte zwischen Einkauf und Lagerung, Einkauf und Disposition, Lager und Fertigung, Lieferant und Fertigung, Fertigung und Materialdisposition, Vertrieb und Fertigung etc. verursacht werden.

Durch die höheren Bestellmengen werden niedrige Bezugspreise erreicht. Somit bekommt das Unternehmen einen ausreichenden Vorrat, dank dessen es rasch und flexibel auf die Veränderung der Märkte reagieren kann. Allerdings führen große Einkaufsvolumen zur höheren Lagerkosten und zur Bindung des Kapitals. Darüber hinaus steigen auch die Lagerrisiken an, beispielsweise im Falle des Verderbens oder der Alterung der Materialien.

Entscheidet sich ein Unternehmen für kleinere Bestellmengen, so kann man mit der geringeren Lagerkosten und niedrigeren Kapitalbindung rechnen, es entsteht aber gleichzeitig das Risiko, dass im Falle eines stockenden Produktionsflusses seitens des Lieferanten die Warensendungen in Verzug geraten werden und die Bindung zum Kunde gestört wird, deshalb auch die Fehlkosten steigen und das Image des Unternehmens leidet. Zugleich werden die gesamten Bestellkosten hochgehen.

Ein sehr aktuelles und modernes Thema ist die Umweltfreundlichkeit der Unternehmen. Eine umweltfreundliche Beschaffung wird auch als grüne Beschaffung genannt und es bedeutet, dass beim Einkauf von Produkten oder Dienstleistungen Umweltaspekte berücksichtigt werden. Firmen, die solcher Philosophie folgen, verbessern merklich ihr Image. Es fördert seinerseits eine starke Kundenbindung, sodass auch neue Kunden gewonnen werden können. Seitens der Mitarbeiter ist zudem eine positive Korrelation mit solchem Bild der „grünen Unternehmen" zu sehen. Dennoch geht die grüne Beschaffung im Gegensatz dazu mit den höheren Bezugskosten einher.

Die zügige Entwicklung von E-Commerce weist die Anforderungen an die Unternehmen vor. Der Käufer erwartet eine schnellstmögliche Lieferung der von ihm gekauften Waren in der höchsten Qualität. Jedoch kann die hohe Lieferbereitschaft mittels der Versorgung höherer Sicherheitsbeständen erreicht werden, was die hohe Lagerkosten verursacht. Wie es auch mit großen Bestellmengen der Fall ist, besteht das Risiko der Beschädigungen oder Veralterung der Waren im Lager. Diese Risiken können teilweise durch dementsprechende Pflege gemindert werden, wiederum muss man auch die zusätzliche Kostenaufwände annehmen und berücksichtigen.

Wie folgt beschränkt die Realisierung eines Zieles die Erfüllung des anderen. Allerdings müssen alle möglichen Interessenkonflikte vermieden werden. Dazu gibt es einige Lösungsansätze, die im Weiteren beschrieben werden.

Die unnötigen Aufwände können mit der ABC-Analyse beseitigt werden. Bei einer ABC-Analyse handelt es sich um eine Methode zur Klassifizierung des Lagerbestands, wozu die Materialien in die Kategorien A, B und C eingeteilt werden (von A für die wertvollsten Artikel bis C für die wenig bedeutenden). Mithilfe der Kategorisierung können die Gefahrenquellen des Lagerbestands erkannt und die Beschaffungskosten optimiert werden.

Um die Verfügbarkeit der Produkte für Endverbraucher zu verbessern, die Lagerbestände zu reduzieren und Kosten zu minimieren soll der Abverkauf von Waren und der Nachschub aufeinander abgestimmt werden. Dafür steht ein Managementkonzept zur Verfügung, das als Supply-Chain-Management (SCM) genannt wird. Das Ziel dieses Konzeptes ist eine effiziente Gestaltung der Lieferkette, vom Rohstoffproduzenten bis hin zu den Kunden.

Stellt ein Gewerbe das Ziel die Lagerzeiten zu minimieren, kommt die fertigungssynchrone Beschaffung zum Einsatz. Wie beim Just-In-Time-Konzept (JIT) werden hier Warenbestellungen nur nach Kundenwunsch vergeben. Lieferung und Produktion von Waren sind auf Anfrage erhältlich. Dadurch wird es möglich, die hohen Kapitalbindung und Lagerkosten zu senken.

Ein weiterer Lösungsansatz ist in der Übergabe der Logistikaufgaben an externe Dienstleister zu sehen. Infolgedessen werden erhebliche Vorteile erzielt, wie zum Beispiel eine höhere Flexibilität, geringere Logistikkosten und eine schnellere Reaktion auf sich ändernde Kundenanforderungen.

Zusammenfassend lässt sich sagen, dass es für jeden Zielkonflikt eine sinnvolle Lösung gibt, die ausgehend von jeweiligen aktuellen Problemfragen in der Unternehmung gefunden und eingesetzt werden kann.

2. Global Sourcing als wichtige unternehmerische Beschaffungsstrategie

Der zunehmende Wettbewerbsdruck auf den Absatzmärkten veranlasst Einzelhändler, neue Beschaffungswege abzusichern und damit die Konkurrenzvorteile zu beschaffen. „Global Sourcing, die Ausrichtung der Einkaufsstrategie eines Unternehmens auf die internationalen Beschaffungsmärkte und die damit korrespondierende globale Optimierung der Versorgung mit Gütern und Dienstleistungen, wird bereits seit vielen Jahren praktiziert."[3] Doch die Bedeutung dieses Konzeptes ist nicht so eindeutig. Global Sourcing ist eines der am häufigsten diskutierten Konzepte für das Beschaffungsmanagement.

Im Rahmen dieses Kapitels wird in das Thema tiefer eingegangen, indem die Definition und Ziele von Global Sourcing sowie die Umsetzungswege dieser Strategie beleuchtet werden. Weiterhin ist die Zusammenfassung der Fallstudie

---

[3] Gabath (2008), S.39

für die Analyse und Optimierung eines weltweiten Lieferantennetzwerkes eines Unternehmens aus der Automobilindustrie vorgesehen.

2.1. Begriffsbestimmung von Global Sourcing

„Der Begriff Global Sourcing ist keine Erfindung der Neuzeit. Schon Marco Polo (1254-1324) und Kaufmannsleute wie die Fugger (Jakob II, 1459-1525) betrieben zu Zeiten, als der amerikanische Kontinent noch nicht entdeckt war, ihren weltweiten Handel."[4] Der Begriff Global Sourcing wurde erst in den 1980er Jahren eingeführt - mit einer Zunahme der Einkäufe aus den sogenannten "Tigerländern" (Singapur, Taiwan, Südkorea und Hongkong).[5] Von den frühen neunziger Jahren bis heute nimmt die Bedeutung der globalen Beschaffung weiter zu.

In deutscher, englischer und amerikanischer Literatur können im Bereich der internationalen Beschaffung mehrere Begriffe identifiziert werden. Es wird meist von **Auslandsbeschaffung, internationalen bzw. weltweitem Einkauf,** „global sourcing", „international purchasing" oder „worldwide sourcing" gesprochen.[6] In deutschen Publikationen wird der eingängige Begriff Global Sourcing oft ohne Übersetzung aus dem Englischen übernommen.[7] In den meisten Fällen sind diese und ähnliche Begriffe synonym. Im Allgemeinen versteht man unter Global Sourcing die Materialbeschaffung auf dem Weltmarkt.

---

[4] Krokowski (1998), 2. Kapitel, 1. Absatz
[5] Global Sourcing Tools (2019)
[6] Vgl. hierzu u.a. Cunningham, M.T.: International Purchasing, 1980, S.322 ff.; Koppelmann, U.: Weltweiter Einkauf, 1989, Monczka, R.M.; Trent R.J: Worldwide Sourcing 1992; Orths, H.: Internationaler Einkauf, 1991
[7] Vgl. Bedacht (1995), S. 11

2.2. Ziele und Umsetzungswege der Strategie

Die folgende Tabelle veranschaulicht die Materialbeschaffung mit den entsprechenden Kriterien im Vergleich zwischen Deutschland und Ausland:

	Deutschland	Ausland
Lohn und Lohnnebenkosten	HOCH	GERING/MITTEL
Flexibilität des Lieferanten	GERING/MITTEL	GERING/MITTEL/HOCH
Kapazitätsauslastung	MITTEL	HOCH
Variantenvielfalt	HOCH	GERING/MITTEL
Auflagen	HOCH	GERING/MITTEL
Arbeitszeiten	GERING	HOCH
Gemeinkosten	HOCH	GERING/MITTEL
Effektivität	HOCH	GERING/MITTEL/HOCH

Tabelle 1. Unterschiede deutscher/ausländischer Lieferanten[8]

Daraus lässt sich das Fazit ziehen, dass es sinnvoll sein könnte, das Potenzial eines anderen Landes auszunutzen.

Mit dem Einsatz der Global Sourcing Strategien werden unterschiedliche Ziele verfolgt. Die Kostensenkung bleibt eines der wichtigsten Argumenten bei der Einkaufsplanung. „Sowohl Input- als auch Transformationskosten können in anderen Ländern günstiger sein und/oder sich in Zukunft dahingehend entwickeln."[9] Angesichts der geografischen Lage und der hohen Löhne und Lohnkosten scheint es für Deutschland problematisch zu sein, kostengünstig eigene Rohstoffe zu beschaffen. Lösungsweise gibt es die Möglichkeit der

---

[8] Vgl. Krokowski (1998), S. 10
[9] Krokowski (1998), S. 10

Einbeziehung von Vorprodukten aus dem Ausland und der nachfolgende Verkauf unter konkurrenzfähigen Preisen in Deutschland.

Die internationale Beschaffung eröffnet den Zugang zu den innovativen Technologien, Know-how und Qualifikationen des ausländischen Lieferanten. Durch diese Spezialkenntnisse können Konsumenten im Inland bestimmte Vorteile herausziehen.

Mit der Entscheidung zugunsten Global Sourcing wird auch die Möglichkeit einer besseren Auswahl sichergestellt. Dies führt zur Erschließung neuer Absatzmärkte, wobei es von Bedeutung ist, sich auf Länder zu verlassen, mit denen die Europäische Union Freihandelsabkommen geschlossen hat.

Schließlich leistet die Konkurrenz mit den ausländischen Partnern den wesentlichen Einfluss auf die einheimischen Lieferanten, wovon sie dazu erzwungen sind, bessere Preise und Leistungen anzubieten.

Aus den zahlreichen Zielsetzungen ergibt sich eine Vielfalt von Strategien, die der optimalen Umsetzung des Global Sourcing dienen. Um erfolgsversprechende Entscheidungen zu treffen, sollen der aktuelle Zustand und die möglichen Perspektiven des Unternehmens hinsichtlich der Beschaffungswegen zur Beurteilung vorlegen.

In der ersten Phase soll der Ist-Zustand ermittelt und die folgenden Fragen beantwortet werden: wie ist die aktuelle Leistung? Was sind die Vor- und Nachteile gegenüber Mitbewerbern? Die daraus ableitenden Ergebnisse stellen den Informationsbasis für weitere Strategieplanung dar.

Der nächste Schritt ist dadurch gegenzeichnet, das Beschaffungsgüterportfolio zu erstellen, das die Informationen über die Beschaffungsobjektkosten und bestehenden Versorgungsrisiken der Beschaffungsobjekten liefert. Dabei sollen unterdessen nicht nur die Lohn- und Nebenkosten berücksichtigt werden, sondern auch „...weitere **Kosteneinflussgrößen wie beispielsweise Rohstoffkosten, wie Energiekosten oder bestehende Fertigungskosten...**"[10]

---

[10] Gemünden/Blecker (2006), S. 255

Zur Analyse potenzieller Möglichkeiten der Beschaffungsmärkte wird außerdem die Erfassung von Beschaffungsquellen anhand der bestimmten Bewertungskriterien in einem Beschaffungsquellenportfolio gestaltet.

Um zu einer richtigen Kombination von allen relevanten Faktoren zu kommen, unterliegen Resultate der bisher durchgeführten Auseinandersetzungen der Eintragung in das Global Sourcing Portfolio und auf dieser Basis werden abschließend dementsprechende Strategien erarbeitet und umgesetzt.

Weiterhin wird die Vorgehensweise am Beispiel einer Fallstudie für die Analyse und Optimierung eines weltweiten Lieferantennetzwerkes eines Unternehmens aus der Automobilindustrie zusammengefasst.

2.3. Analyse und Optimierung eines weltweiten Lieferantennetzwerkes

Der Kernpunkt bei der Ermittlung der Global Sourcing Strategie ist die Zielsetzung. Die in der Fallstudie grundlegende relevante Ziele waren die Identifizierung der Potenziale innerhalb der bestehenden Lieferketten und der Vergleich des aktuellen Zustandes mit potenziellen Möglichkeiten.

Das Verfahren wurde in drei Stufen gegliedert: Analyse und Bewertung der Ausgangsituation und des bestehenden „Global Footprint" sowie Workshops mit ausgewählten Lieferanten. Eine solche Vorgehensweise vereinfacht die weitere Durchführung der Analyse und gibt den Grad der Genauigkeit an, da es die deutlich bezeichneten Ziele ermöglichen, nur auf dem Objekt der Forschung konzentriert zu arbeiten.

Bei der Ermittlung der Ausgangsituation lautete die wichtigste Frage wie folgt: welche Systeme waren für Pilotaktivitäten auszuwählen? Dafür wurden vier Filter erarbeitet, mithilfe von denen fünf Systeme identifiziert wurden, die die meisten Potenziale aufweisen könnten. Des Weiteren wurden im nächsten Schritt diese fünf Systeme gründlich analysiert und dabei auch zwei Probleme erkannt. Anhand der resultierenden Information wurden aufgrund der Abweichungen der spezifischen Problemstellung Global Sourcing Portfolio, Beschaffungsportfolio und Beschaffungsquellen Portfolio erstellt. Als eine zusammenfassende Komponente dieser Stufe wurde das Gesamtportfolio generiert, das den aktuellen global Footprint darstellte und das mit einem Soll-Portfolio verglichen wurde. Dies lieferte ausreichende Informationen für die Beantwortung bisher formulierten Fragen und für die weiteren Verhandlungen, wodurch es ermöglicht wurde, im Rahmen des Strategieworkshops mit ausgewählten Lieferanten die Vereinbarungen geschlossen zu haben.

Die Fallstudie verdeutlicht Global Sourcing als ein effektives Instrument für die Ermittlung von problematischen Schnittstellen, Schwächen und Stärken des Beschaffungsprozesses. Dadurch lassen sich auch wertvolle Handlungsempfehlungen ableiten.

3. Leistungstypen der Produktion

Die Produktion bildet den Kern der betrieblichen Leistungserstellung. „Sie ist damit gewissermaßen das „Bindeglied" zwischen der Beschaffung auf der einen und dem Absatz auf der anderen Seite."[11] Herstellungsprozesse werden in der unternehmerischen Praxis in verschiedenen Formen organisiert. Für die Organisationsgestaltung besonders relevant ist die Typisierung nach der Homogenität der Produkte und der heraus resultierenden Häufigkeit der Wiederholung einzelner Fertigungsprozesse.[12]

Der Inhalt der nachfolgenden Kapitel befasst sich umfassend mit der Charakterisierung der fünf Leistungstypen des Produktionsprozesses. Dabei werden insbesondere die Kriterien Kosten und Flexibilität veranschaulicht.

---

[11] Vahs/Schäfer-Kunz (2015), S. 677
[12] Vgl. Schulte-Zurhausen (2010), S. 131 zitiert nach Küpper (1979), Sp. 1639; Corsten (2003), S. 31 und Bestmann (2001), S. 215

3.1. Einzelfertigung

Von einer Einzelfertigung wird dann gesprochen, wenn nur ein Produkt produziert wird.[13] Dieser Typ ist vor allem in der Großmaschinenbau, Häuserbau und Schiffbau vorzufinden. Dazu zählen aber auch Möbelbau im Kundenauftrag oder individuelle Schmuckherstellung und Ähnliches.

Grundsätzlich sind bei der Einzelfertigung zwei weitere Formen zu unterscheiden: Einmal- und Wiederholproduktion. Bei der einmaligen Fertigung wird jedes Produkt als Einzelstück hergestellt.[14] Dies ist dann der Fall, wenn beispielsweise ein Kleidungsstück bei einem berühmten Designer gefertigt wird. „Dagegen wird bei der wiederholten Einzelfertigung ein Produkt zwar wiederkehrend gefertigt, jedoch ist die Unterbrechung zwischen den Fertigungszeiten so groß, dass die erforderlichen Fertigungseinrichtungen in dieser Zeit nicht betriebsbereit gehalten, sondern abgebaut werden."[15]

Im Zeitalter der Massenproduktion setzen immer weniger Unternehmen auf die Einzelfertigung. Allerdings sprechen für diesen Leistungstyp einige Vorteile wie Flexibilität, weil die Herstellung des einzelnen Erzeugnisses im Gegensatz zur Massenfertigung nach Kundenwünschen erfolgt. Nachteilig ist jedoch, dass die Herstellungskosten einer Einzelfertigung hoch sind.[16]

---

[13] Vgl. DAA-Wirtschaftslexikon (2019)
[14] Vgl. Schulte-Zurhausen (2010), S. 132
[15] Schulte-Zurhausen (2010), S. 132
[16] Vgl. Rechnungswesen-verstehen.de (2019)

3.2. Massenfertigung

Neben der Einzelfertigung ist die Massenfertigung noch eine Extremform des Produktionsverfahrens. „Bei der Massenproduktion handelt es sich um eine Mehrfachproduktion, bei der vor Produktionsbeginn keine Auflagengröße festgelegt wird und bei der die Betriebsmittel nicht umgerüstet werden."[17] Die Massenproduktion kann durch Produkte wie Zigaretten, Kfz-Motorblöcke oder elektronische Geräte dargestellt werden.

Da die Massenfertigung dadurch gegenzeichnet ist, in einem unbegrenzten Zeitraum eine Vielzahl von identischen Produkten wie Kugelschreiber oder Schrauben herzustellen, bietet es die Möglichkeit, mehrere Vorgänge zu automatisieren. Damit können die Produktionskosten gesenkt werden. Die Zeitaufwände sind bei der Massenproduktion gering und die Qualität der Erzeugnisse bleibt gleich. Gegenteilig lässt sich durch den Einsatz von Spezialmaschinen mangelnde Flexibilität kennzeichnen, die bei der Nachfrageschwankungen den Fortbestand des Unternehmens gefährden kann.[18] Zugleich erfolgt hier keine Anpassung an Kundenwünsche wie bei der Einzelfertigung. Die Marktnachfrage ändert sich permanent. Daher müssen die Unternehmen nach einer Verbesserung und Weiterentwicklung ihrer Produkte streben. Um eine kontinuierliche Verbesserung und Weiterentwicklung der Produkte zu gewährleisten, entscheiden sich die meisten Unternehmen dazu, die Produkte in Serie zu produzieren und an die Bedürfnisse der Kunden anzupassen.[19]

---

[17] Vahs/Schäfer-Kunz (2015), S. 693
[18] Vgl. Gabler Wirtschaftslexikon (2019)
[19] Vgl. Rechnungswesen-verstehen.de (2019)

3.3. Serienfertigung

Der entscheidende Unterschied zur Serienfertigung besteht darin, dass bei der Serienfertigung eine Losgröße festgelegt wird, was bei der Massenfertigung nicht der Fall ist.[20] „Die Unterschiede zwischen einer Serien- und Massenfertigung lassen sich sehr gut anhand des Beispiels eines Süßwarenherstellers erläutern. So ist die Herstellung von einem Schokoladenriegel, den ein Süßwarenhersteller ganzjährig und ohne eine zeitliche Begrenzung herstellt, eine Form der Massenfertigung. Im Gegensatz dazu stellt die Produktion von einer Million Osterhasen bzw. Weihnachtsmänner eine Form der Serienfertigung dar."[21]

Innerhalb der Serienfertigung werden Klein-, Mittel- und Großserienfertigung voneinander abgetrennt. Wird die monatliche Produktion von 20 Stück nicht überschreitet, so spricht man von Kleinserienfertigung.[22] In Rahmen einer Mittelserienfertigung beträgt die monatliche Produktion mehr als 20 und weniger als 1.000 Stück.[23] Sobald die monatliche Fertigungsmenge bei einer Serienfertigung eine Menge von 1.000 Stück überschreitet, dann ist die Rede von einer Großserienfertigung.[24]

Der Einkauf der benötigten Rohstoffe erfolgt in der Regel in großen Mengen. Dass hat zur Folge, dass sich die Produkte kostengünstiger herstellen lassen, wobei die Kostenvorteile entsprechend der ansteigenden Stückzahlen verhältnismäßig anwachsen. Kurze Durchlaufzeit und ein begrenztes Produktionsvolumen erfordert keine dauerhafte Lagerhaltung, was zu einer Reduzierung von Lagerkosten führt. Mittlerweile entsteht das Risiko, dass im Falle von Produktionsausfällen sich auch die Fehlkosten und Lagerkosten erhöhen. Darüber hinaus sind bei der Serienfertigung die Umrüstzeiten von hoher

---

[20] Vgl. Schulte-Zurhausen (2010), S. 133
[21] Rechnungswesen-verstehen.de (2019)
[22] Vgl. Rechnungswesen-verstehen.de (2019)
[23] Vgl. Rechnungswesen-verstehen.de (2019)
[24] Vgl. Rechnungswesen-verstehen.de (2019)

Bedeutung, da nach der Produktion einer Serie die Fertigungseinrichtungen auf eine neue Serie umgerüstet werden müssen.

3.4. Sortenfertigung

Die Sortenproduktion zeichnet sich durch die Ähnlichkeit der Produkte aus, die nur geringe Unterschiede haben. So werden zum Beispiel Schokoladetafeln mit verschiedenen Geschmacksrichtungen oder Duftkerzen mit variierten Aromas hergestellt, man spricht also hier von unterschiedlichen Sorten. Bei der Herstellung liegt ein Erzeugnis als Musterbeispiel vor, „…dessen Varianten mit denselben Fertigungssachmitteln und in fast demselben Herstellungsprozess gefertigt werden können, wie das Grunderzeugnis selbst".[25]

Dadurch, dass die Sorten aus denselben Ausgangsmaterialien produziert werden, kann der Herstellungsprozess auf gleichen Fertigungsanlagen erfolgen. Die Verwendung identischer Ausgangsstoffen begünstigt die Einsparung der Lagerhaltung. Die weiteren Vorteile können sich aus der Losgrößenbestimmung ergeben. Steigt die hergestellte Menge an, so verringern sich die Stückkosten.

Sobald eine geforderte Sortenmenge erreicht ist, muss die Produktionsanlage umgebaut werden. Das Problem liegt darin, dass solche Umrüstungen nicht immer schnell und vom Prozess losgelöst durchgeführt werden können. Je nach Fertigungsanlage können sich die Dauer der Umstellung und auch die damit verbundenen Kosten variieren.

Ein Nachteil ist die begrenzte Produktionsflexibilität, da individuell angepasste Erzeugnisse nicht produzierbar sind.

---

[25] Schulte-Zurhausen (2010), S. 132

3.5. Chargenfertigung

„Sind die Unterschiede zwischen den Produkten nicht gewollt, sondern prozessbedingt, weil zum Beispiel der Fertigungsprozess technisch nicht vollkommen beherrscht wird oder weil die Eingangsmaterialien nicht konstant sind, so liegt die Sonderform der Chargenfertigung vor."[26] Die Chargenfertigung ist vor allem in der Lebensmittelindustrie, beispielsweise bei der Bier- oder Weinherstellung und Chemieindustrie anzutreffen.

„Eine einzelne Charge wird in ihrer Menge begrenzt durch die vorhandenen Rohstoffe (z.B. Wein) oder durch die Kapazitäten der Produktionsmittel (z.B. Weinfass)."[27] Im Rahmen einer Charge sind die produzierten Erzeugnisse homogen und weisen nur geringe Unterschiede. Ganz im Gegenteil können zwischen verschiedenen Chargen wesentliche Abweichungen identifiziert werden. Insofern ergibt sich das Problem, dass jede Charge unterschiedliche Qualität besitzt und einzeln berechnet werden muss. Außerdem verursacht dies Planungsprobleme bei der Bereitstellung von Rohstoffen und Personal sowie bei der Logistik- und Lagerplanung. Mit der Lagerung sind überdies die hohen Aufwände verbunden, da bei unsicherer Nachfrage meistenteils ein Sicherheitsbestand gehalten werden muss.

---

[26] Schulte-Zurhausen (2010), S. 133
[27] Paul (2007), S. 545 zitiert nach Thommen/Achleitner, S. 332

4. Toyota Produktionssystem

„Das Toyota-Produktionssystem, als „schlanke Produktion" beziehungsweise Lean Management bekannt, lässt sich auf die Ingenieure Eiji Toyoda und Taiichi Ohno aus den 1960er und 1970er Jahren des vergangenen Jahrhunderts zurückführen."[28] Nach dem Zweiten Weltkrieg befand sich Japan in einer starken Wirtschaftskrise. In diesen extremen Bedingungen hat sich der damalige Produktionsleiter von Toyota Taiichi Ohno das Ziel gesetzt, die Produktionsprozesse zu verbessern. Inspiriert von Erfahrungen der amerikanischen Kollegen von Ford sowie des Pioniers im Bereich des Qualitätsmanagements Dr. W. Edwards Deming, entwickelte er das Toyota Produktionssystem, dessen Effektivität nicht nur in Automobilindustrie, sondern auch in anderen Branchen bewiesen worden ist. 40 Jahre später wurde das TPS weltweit anerkannt und einsetzbar.

In der letzten Teilaufgabe der vorliegenden Arbeit soll das Wesentliche des Toyota Produktionssystems dargestellt und dabei die wichtigsten Elemente der Grundphilosophie des TPS wie „Kaizen", „Just-in-Time" und „Jidoka" dargelegt werden.

4.1. Grundphilosophie des TPS

Ziel des TPS ist es, die Produktion so zu gestalten, dass diese sich genau im Kundentakt befindet und die Verschwendung aller Ressourcen im Produktionsprozess minimiert wird.[29] Das ermöglicht, bei der Produktion zusätzliche Ausgaben und Ausfälle zu vermeiden wie zum Beispiel die

---

[28] Schmeisser/ Stoeff (2018), Einleitung, 1. Absatz
[29] Vgl. Refa.de (2019)

Überproduktion und als Resultat auch der überschüssige Vorrat, Zeitverschwendung oder mögliche Fabrikationsfehler etc. Bereits im Zeitraum des langsamen Aufschwungs zeigte das System seine Wirkung.

Die graphische Zusammenfassung der Grundphilosophie des TPS kann in Form eines Hauses ausgedrückt werden:

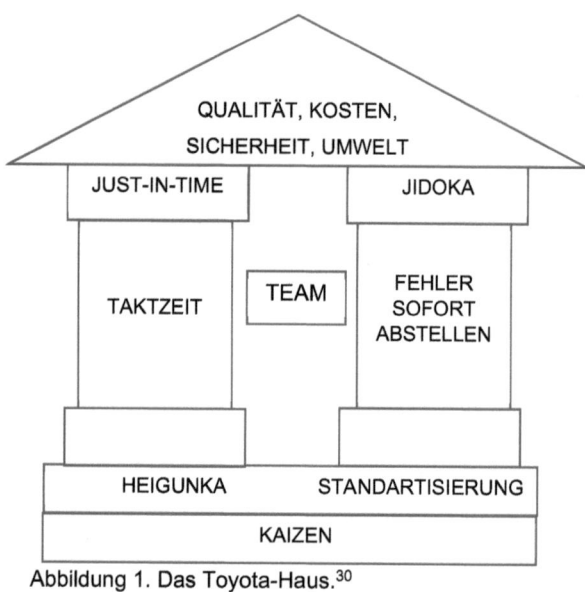

Abbildung 1. Das Toyota-Haus.[30]

Im Aufbau des Hauses liegt das Kaizen-Prinzip als grundlegendes Element dar, d.h. es wird permanent nach Verbesserungen der Produktion gestrebt, wobei die Mitarbeitervorschläge von grundlegender Bedeutung sind.

Neben dem Kaizen ist die Standardisierung eine weitere Stufe des Fundaments, die das Produktionstempo angibt und die Erzielung von einem hohen Qualitätsniveau gewährleistet.

„Ein zusätzlicher Schwerpunkt liegt in der Logistik, in Form einer Produktionsglättung („Heijunka"), so dass minimale Leerlaufzeiten bei den

---

[30] Vgl. Lean.Office (2019)

Maschinen und bei den Mitarbeitern während des Produktionsablaufs entstehen."[31]

Die linke Säule des Hauses ist durch das sogenannte Just-in-Time-Prinzip (JIT) vorgestellt. Nach diesem Konzept werden die erforderlichen Komponenten und Materialien nur bei Bedarf in den erforderlichen Mengen bereitgestellt.

Die zweite Säule des Toyota Production System (TPS)stellt das Jidoka-Prinzip dar es ist ein wichtiger Faktor im Lean Management und Qualitätssicherung.[32] Bei der Fehlerkennung am laufenden Band wird der Produktionsprozess rasch angehalten, denn dann können aufgetretene Probleme schnell gelöst werden. Dabei ist es sehr wichtig, dass jedes Problem nicht nur anhand von zahlreichen Informationen, sondern mit eigenen Augen des zuständigen Mitarbeiters beurteilt wird.

Im „Herz" des Hauses steht immer eine gut abgestimmte Arbeit eines Teams, dessen Mitglieder verantwortungsvoll, motiviert und immer bereit sind, die jede Schwierigkeiten zu bewältigen, um gestellte Ziele zu erreichen.

Alle oben erwähnten Elemente des Toyota-Produktionssystems funktionieren reibungslos nicht nur getrennt, vielmehr agieren sie untereinander.

4.2. Just-in-Time

JIT ist ein spezielles Konzept, das alle Aspekte des Produktionsprozesses abdeckt, angefangen von der Entwicklung über den Produktverkauf bis hin zum After-Sales-Service. Just-in-Time ist für die Verbesserung der Schnittstelle zwischen Unternehmensbeschaffung und Produktion eines Unternehmens berufen.[33] Inwieweit dieses Ziel erreicht wird, hängt davon ab, wie andere Hilfsziele erreicht werden. Das sind solche Ziele wie: Ausschluss der

---

[31] Schmeisser/ Stoeff (2018), Kapitel 1.1, 6. Absatz
[32] Vgl. Logistik KNOWHOW (2019)
[33] Vgl. Krüger (2004), S. 48

Produktionsausfälle, Reduzierung von Kosten- und Zeitaufwänden, Minimierung der Lagerbestände etc.

Unterbrechungen und Prozessverstöße können sich negativ auf das ganze Produktionssystem auswirken und müssen daher ausgeschlossen werden. Die Interaktion zwischen den Prozessen erfolgt mithilfe der Kanban-Karte, die die Informationen über die Anzahl der hergestellten Teile und Herstellungsfristen gibt und über den Eingang neuer Kundenaufträge benachrichtigt.

Vor vielen Jahren ist Toyota zum Schluss gekommen, dass die Massenfertigung eine nicht ganz rentable Angelegenheit ist. Nach diesem Urteil kann kein Produktionssystem die instabile Marktnachfrage bewältigen, so dass es nicht unter Mura (Unausgeglichenheit) und Muri (Überbeanspruchung) leidet. Diese zwei M`s bilden zusammen die Muda (Verschwendung). Um diese Verschwendungen zu vermeiden, wurde das Heijunka-Konzept oder mit anderen Worten die Produktionsglättung eingeführt, dank der bei hoher Nachfrage eine Produktion ermöglicht wurde.

Der Einsatz von Just-in-Time-Prinzip kann die Lagerbestände und Lagerkosten auf null senken. Darüber hinaus wird die Produktivität verbessert, auf der anderen Seite werden die Produktionszeiten sowie die Wahrscheinlichkeit der Überproduktion reduziert. Zugleich ist aber auch die Abhängigkeit von Lieferanten sehr hoch. So hat der gesamte Produktionsprozess von Toyota 1997 aufgrund eines Brandes im Betrieb seines Zuliefers Schaden getragen, infolge dessen schnellstmöglich ein Ersatz gefunden werden sollte. Dadurch, dass die Sicherheitsbestände bei der JIT-Produktion nicht vorgesehen sind, können solche Vorfälle beziehungsweise unerwartete Nachfragesprüngen zu geringeren Möglichkeiten der Nachfrageerfüllung und großen zeitlichen Aufwendungen im Falle eines Defekts führen.

4.3. Jidoka

Das zweite Prinzip auf der das TPS basiert, wird als Autonomisierung oder mit dem japanischen Begriff Jidoka bezeichnet. Toyota Motor Corporation bevorzugt die Maschinen, die mit einem automatisierten Systemstopp ausgestattet sind. Diese Bearbeitungszentren fordern keine Eingriffe von Operatoren bis einen Fehler auftritt. Informationen über die Art und den Ort der Fehlermeldung liefert die Andon-Tafel und sie zeigt auch den Produktionsstatus der Fertigungslinien. Dies reduziert die Anzahl der Bediener und erhöht die Produktivität. Andererseits wird es nie gelingen, die Produktionsprozesse zu optimieren und die Ausfälle zu vermeiden, wenn die entdeckten Probleme nur mechanisch behoben und Maschinen immer wieder neu eingestellt werden. Viel wichtiger wird der Eingriff der höheren Instanz, beispielsweise ein Manager oder ein Facharbeiter in leitender Positionen, die entsprechend dem Genchi Genbutsu Prinzip die volle Information über vorhandene Probleme besitzen und fähig sind, diese zu lösen. Nur so können Verbesserungen erzielt und Kosten gesenkt werden.

Die Autonomisierung verhindert die Produktionsdefekte, schließt den Produktionsüberschuss aus, fokussiert die Aufmerksamkeit für das Verstehen der Problemlösung und beugt die Wiederholung der Fehler vor.

Taiichi Ohno schreibt in seinem Werk „Toyota Production System. Beyond Large-Scale Production"[34]: «Bei einem Produkt, wie dem Auto, muss Sicherheit immer die höchste Priorität erhalten. Daher sollte bei jeder Maschine an jedem Fließband in jedem Werk die Unterscheidung zwischen normalem und anormalem Betrieb immer eindeutig sein, und es müssen immer Gegenmaßnahmen ergriffen werden, um eine Wiederholung auszuschließen. Aus diesem Grund machte ich die autonome Automation zur zweiten Säule des Toyota-Produktionssystem.»

---

[34] Ohno (2008), S. 41

4.4. Kaizen

Qualität ist für Toyota sehr hoch angesetzt. In diesem Zusammenhang bedeutet Kaizen konstante Suche nach Verbesserungen. „Dahinter steht der Grundgedanke, dass eine kontinuierliche Verbesserung der Produktqualität nur erreicht werden kann durch eine kontinuierliche Verbesserung aller Arbeitsprozesse, die auf irgendeine Weise am Entstehen des Produkts beteiligt sind – angefangen von der Produktidee über die Fertigung bis hin zur Vermarktung und zur Pflege der Kundenbeziehungen."[35] Wobei bei solchen Verbesserungen jeder Arbeitnehmer involviert sein sollte, damit das Problem als Ganzes schneller analysiert und mit sämtlicher Personalerfahrung in jeder Hierarchieebene behoben wird.

Nicht jede Entscheidung ist einer konkreten Situation passend, deshalb wird die 5-Warums-Methode angewandt. Somit wird die Findung der Problemursache und das Aussondern an der Logik geprüften Lösungen möglich. Im Rahmen dieser Vorgehensweise ist es unabdingbar, die Frage zu stellen, warum ist das geschehen. Nach Erhalt der ersten Antwort, sollte nochmals nachdem „warum" hinterfragt werden. Dieser Prozess ist fünf Mal zu wiederholen bis am Ende der Problem-Analyse-Kette das Verstehen des Kernproblems erscheint.

Das Kaizen Prinzip besagt, dass alle Arbeitsprozesse in einer Atmosphäre der stets vollsten Ordnung, Disziplin und Verantwortung umgesetzt werden sollen. Dafür wird bei Toyota das 5S Prinzip eingesetzt. Die 5 S Methode steht dabei für:[36]

S – Sortieren (Aussortieren aller nicht benötigten Gegenständen und Materialien im Arbeitsumfeld).

S – Systematisieren (Die verbliebenen notwendigen Teile werden geordnet).

---

[35] Schulte-Zurhausen (2010), S. 204
[36] Vgl. Sixsigmablackbelt.de (2019)

S – Saubermachen (Ziel ist es den Arbeitsplatz regelmäßig zu säubern und sauber zu halten).

S – Standardisieren (Die bisherige Vorgehensweise, Arbeitsplatzorganisation und Ordnung wird zum Standard erklärt).

S – Selbstdisziplin (Die vorgestellten Methoden werden tagtäglich konsequent eingehalten).

Die Garantie des Erfolgs bei der Anwendung des Kaizen ist die Zielstrebigkeit zur besten Qualität ohne Verluste. Zudem hilft Kaizen das Zeitmanagement zu optimieren, frische Ideen und neue Fähigkeiten zur Realisation des Potenzials jedes Einzelnen und unter anderem das Unternehmen als Ganzes zu finden.

Literaturverzeichnis

Bedacht, F. (1995), Global Sourcing. Analyse und Konzeption der internationalen Beschaffung, Wiesbaden

Bestmann, U. (2001), Kompendium der Betriebswirtschaftslehre, 10. Aufl., München/Wien

Brendlin, K. (1989), Global Sourcing: Ein Leitfaden aus der Praxis - Mehr als die Schnelle Mark. In: Beschaffung aktuell, Nr. 8, 1989, S. 41-43.

Corsten, H. (2003), Produktionswirtschaft. Einführung in das industrielle Produktionsmanagement, 10. Aufl., München/Wien

Cunningham, M.T. (1980), International Marketing and Purchasing of Industrial Goods: Features of a European Research Project. In: European Journal of Marketing, Nr. 5/6, 1980, S. 322-338.

DAA-Wirtschaftslexikon (2019), Einzelfertigung, in: https://media.daa-pm.de/ufv_wirtschaftslexikon/Html/P/Produktionstypen.htm, abgerufen am 20. 9. 2019

DR. THOMAS + PARTNER GmbH & Co. KG (2013), Just-in-Time, in: https://logistikknowhow.com/materialfluss-und-transport/beschaffungslogistik-just-in-time/, abgerufen am 20. 9. 2019

Gabath, C. W. (2008), Gewinngarant Einkauf. Nachhaltige Kostensenkung ohne Personalabbau, 1. Aufl., Wiesbaden

Gabler Wirtschaftslexikon (2019), Massenproduktion, in: https://wirtschaftslexikon.gabler.de/definition/massenproduktion-39175, abgerufen am 20. 09. 2019

Global Sourcing Tools (2019), Historische Entwicklung von Global Sourcing, in: https://global-sourcing-tools.de/hintergrundinformation.html, abgerufen am 20. 09. 2019

Isermann, H. (1998), Logistik, 2. Aufl., Landsberg

Koppelmann, U. (1989), Weltweiter Einkauf - Schlagwort oder Notwendigkeit? - Der Exportweltmeister ist Importamateur. In: Beschaffung aktuell, Nr. 8, 1989, S. 25-28.

Krokowski, W. (1998), Globalisierung des Einkaufs. Leitfaden für den internationalen Einkäufer, Heidelberg

Krüger, R. (2004), Das Just-in-Time-Konzept für globale Logistikprozesse, Wiesbaden

Küpper, H. U. (1979), Produktionstypen. In: HWProd, 7. Aufl., Stuttgart 1979, Sp. 1636-1647

Lean.Office (2019), Historie bzw. Ursprung von "Lean", in: https://www.leanoffice.tv/lean-office/was-ist-lean/ursprung-toyota-produktionssystem/, abgerufen am 20. 9. 2019

Luber, T. (1990), Wie aus weniger mehr werden soll - Die Kunst des Global Sourcing. In: Industriemagazin, Nr. 3, 1990, S. 130-134.

Monczka, R. M./Trent, R. J. (1992), Worldwide Sourcing: Assessment and Execution, In: International Journal of Purchasing & Materials Management, 1992, S. 9-19.

Ohno, T. (2008), Das Toyota-Produktionssystem, 3. Aufl., Frankfurt/New York

Paul, J. (2007), Praxisorientierte Einführung in die Allgemeine Betriebswirtschaftslehre, 1. Aufl., Wiesbaden

Orths, H. (1991), Internationaler Einkauf: Einkaufs und Vertriebspolitik abstimmen. In: Beschaffung aktuell, Nr. 7, 1991, S. 36-37.

Rechnungswesen-verstehen.de (2019), Massenfertigung, in: https://www.rechnungswesen-verstehen.de/bwl-vwl/bwl/massenfertigung.php, abgerufen am 20. 9. 2019

Rechnungswesen-verstehen.de (2019), Serienfertigung, in: https://www.rechnungswesen-verstehen.de/bwl-vwl/bwl/serienfertigung.php, abgerufen am 20. 9. 2019

Refa.de (2019), Toyota-Produktionssystem, in: https://refa.de/service/refa-lexikon/toyota-produktionssystem, abgerufen am 20. 9. 2019

Schmeisser, W./ Stoeff, D. (2018), Vom Lean Management zur Digitalisierung, 2. Aufl., Berlin/Nürnberg

Schnurr, R. (2018), 5S Methode Kaizen und Lean Management, in: https://www.sixsigmablackbelt.de/5s-methode/, abgerufen am 20. 9. 2019

Schulte-Zurhausen, M. (2010), Organisation, 5. Aufl., München

Thommen, J.-P./Achleitner, A.-K. (2009), Allgemeine Betriebswirtschaftslehre, 6. Aufl., Wiesbaden

Vahs, D./Schäfer-Kunz, J. (2015), Einführung in die Betriebswirtschaftslehre, 7.Aufl., Stuttgart

Wannenwetsch, H. (2009), Integrierte Materialwirtschaft, Logistik und Beschaffung, 5. Aufl., Mannheim

Wildemann, H. (2006), Global Sourcing – Erfolg versprechende Strategieableitung. In:

Gemünden/Blecker (Hrsg.), Wertschöpfungsnetzwerke, Berlin, S. 253-269.

BEI GRIN MACHT SICH IHR WISSEN BEZAHLT

- Wir veröffentlichen Ihre Hausarbeit,
  Bachelor- und Masterarbeit

- Ihr eigenes eBook und Buch -
  weltweit in allen wichtigen Shops

- Verdienen Sie an jedem Verkauf

Jetzt bei www.GRIN.com hochladen und kostenlos publizieren